Guide HERMES 5 Agile

Matthias Roth
Daniel Kobi
Frank H. Ritz
Hans-Jürg Kleine
Peter Lang

Traduction par
Laurent Vergnol
Pascal Lhoas

© 2017 eco-HERMES   Groupe Thématique HERMES Agile

Auteurs :
Hans-Jürg Kleine
Daniel Kobi
Peter Lang
Frank H. Ritz
Matthias Roth

Contributeurs :
Les éléments de base ont été développés p le groupe thématique „HERMES Agile".

Responsable : Matthias Roth
Membres : Andreas Hamberger
Hans-Jürg Kleine
Daniel Kobi
Peter Lang
Frank H. Ritz

Assurance Qualité:
Boris Bäsler
Hans Dijkgraaf

2e édition :
Mars 2017

ISBN-13 : 978-1545023136
ISBN-10 : 1545023131

© 2017 eco-HERMES

Votre contact pour eco-HERMES, le groupe thématique et les auteurs :
eco-HERMES
c/o processCentric GmbH
Unterer Burghaldenweg 5
CH-4410 Liestal
http://www.eco-hermes.ch

Droits :
Tous droits, y compris pour les traductions, sont réservés. Toute reproduction interdite (photocopie, réimpression, microfilm, enregistrement sur des supports électroniques ou d'autres méthodes) sans l'autorisation écrite de l'association eco-HERMES. Les auteurs ne sont pas responsables des erreurs et omissions qui, malgré un examen attentif, auraient pu se glisser dans ces travaux. Les noms des produits, marques et entreprises cités dans le présent guide sont normalement protégés par leurs propriétaires.

A propos des auteurs

Hans-Jürg Kleine a débuté sa carrière dans le management de projet en 1990 à la direction des passagers des CFF. En tant que chef de projet pour le système de vente, il a entre autres développé la première génération d'application mobile pour le personnel de bord. Après un passage par le journalisme et l'édition, il travaille depuis 2002 chez Identitas AG, où il a mis en place en tant que responsable des projets et du développement les unités organisationnelles de management de projets et de développement logiciel.

Daniel Kobi est directeur informatique chez Alcosuisse. Après avoir fait ses premiers pas dans l'informatique en tant que développeur informatique dans les années 80, il a ensuite basculé en 1991 vers les fonctions d'analyse et de conception en tant que chef de projet et responsable de production. Il a conduit de nombreux projets dans l'environnement fédéral et auprès des CFF grâce à la méthode HERMES, et est également aujourd'hui membre de eco-HERMES. Il possède un diplôme fédéral en informatique de gestion, est Scrum Master, assesseur certifié HERMES et chef de projet IPMA senior niveau B.

Peter Lang a de nombreuses années d'expérience en tant que chef de projet indépendant pour les projets IT et en tant que consultant en management, auditeur QM, coach projet et formateur en Suisse et en Allemagne. En tant que co-auteur de HERMES SE/SA et du V-Modell 97, il a épaulé de nombreuses entreprises et administrations dans l'adaptation pratique, le déploiement et l'utilisation de modèles de processus tels que HERMES et le V-Modell. Il est membre fondateur de eco-HERMES. Il conduit actuellement le développement et l'utilisation de la gestion de portefeuille informatique et de la gestion des versions de l'administration fédérale des contributions suisse AFC.

Frank H. Ritz est directeur associé de Ritz Engineering GmbH. Il développe des applications en C++, JAVA EE et des bases de données SQL depuis 1983. L'accent est mis actuellement sur le soutien méthodologique agile en gestion de projet, analyse business, analyse et gestion des besoins. Principales certifications dans ces domaines : PMI-ACP®, HSPTP, CPRE, OUCP. Méthodes PMI, HERMES, IIBA, IREB, RUP, Scrum, Prince2, Enterprise Architecture. Implication HERMES à eCH, eco-HERMES, dans le consortium „Projets Agiles pour l'Administration Publique" et aux événements HERMES.

Matthias Roth dirige les solutions Java d'Adesso Schweiz AG. Il est co-fondateur du groupe eco-HERMES et fondateur du groupe thématique HERMES Agile. Depuis 1994, il a rempli de nombreuses fonctions : de développeur, architecte et directeur de projet, jusqu'à coach et consultant en direction de projet, que ce soit pour des petits ou des très grands projets. Il dirige iSchule.ch, dans laquelle il transmet son savoir-faire en développement JAVA et management de projet.

Table des matières

Chapitre 1: But 7
Contexte initial 7
Objectif 8
Chapitre 2: Les bases 9
Fondements et Principes 10
Conditions préalables et challenges 12
Chapitre 3: HERMES Agile 13
Phases 16
  Phase d'Initialisation 16
  Phase de Conception, Réalisation et Déploiement 17
Les rôles 18
  Product Owner, PO 19
  Scrum Master, SM 20
  Equipe de développement, ED 20
Résultat 21
  Product Backlog 21
  Product Backlog initial 21
  Sprint Backlog 22
  Burndown Chart 22
  Impediment Backlog 22
  Definition of Done (DoD) 22
Meetings 23
  Sprint Planning 1 23
  Sprint Planning 2 23
  Daily Scrum 23
  Review 24
  Rétrospective 24
  Estimation Meeting 25
Planification 25
  Début de la planification 25
  Planifier 25
  Nouveaux Items du Product Backlog 25
Chapitre 4: Gestion de la qualité et des risques 26
Gestion de la qualité 26
Gestion des risques 26
Chapitre 5: Variantes 27

Projet simple 27
Projet avec des groupes d'utilisateurs différents 28
Projet Nouvelle Technologie / Architecture 29
Projet avec plusieurs équipes de développement 30
Chapitre 6: Annexes 32
Résultats des variantes 32
Résultats pour la variante „Simple" 33
Résultats pour la variante „Différents groupes d'utilisateurs" 34
Résultats pour la variante „Nouvelle Technologie / Architecture" 34
Résultats pour la variante „Plusieurs équipes de développements" 36
Lexique 37

Chapitre 1 :
But

Le présent guide explique comment les projets HERMES 5, dans lesquels sont développés des logiciels, peuvent être mis en œuvre efficacement grâce à l'intégration des méthodes agiles dans les phases de conception, de réalisation et de déploiement.

Il vise en particulier les chefs de projet, mais aussi toutes les autres parties prenantes en leur proposant un outil et une base de décision pour initialiser et dérouler des projets HERMES 5 avec une approche agile.

Ce guide ne remplace ni HERMES 5 comme méthode de base pour la gestion de projet, ni des manuels sur les méthodes agiles.

Nous supposons que ces méthodes sont à priori largement connues.

Contexte initial

HERMES 5 est la version actuelle de management des projets de la confédération. Dans la suite de ce document, nous utiliserons le terme HERMES pour parler de cette version.

HERMES a été établi par la confédération et les organismes parapublics. La méthode a contribué à ce que tous les projets, pour unique qu'ils soient, se déroulent selon un modèle identique. Les phases, scénarios, et modules et les structures de résultats correspondantes donnent aux parties prenantes des projets, ainsi qu'à toutes les organisations et personnes concernées, une stabilité et une sécurité certaine pour la mise en œuvre des projets. HERMES est très bien intégré dans les processus de gestion financière et de sous-traitance de la confédération. HERMES a été utilisé avec succès dans de nombreux projets.

HERMES possède les caractéristiques suivantes :

- HERMES est établie par la confédération et les organisations fédérales.
- La méthode couvre le cycle de vie complet d'un projet informatique.
- Procédure standardisée pour tout projet avec des scénarios type comme le scénario développement informatique spécifique, développement informatique standard, développement informatique spécifique agile, etc.
- Une définition claire des responsabilités de chaque rôle.
- Des résultats clairement définis et des points de décision.
- Des scénarios et des modules permettant de personnaliser l'approche du projet à ses besoins spécifiques.
- Une bonne intégration dans les processus informatiques du gouvernement fédéral.
- Répond à toutes les exigences relatives aux marchés publics.

Au vu de l'objectif de HERMES 5 de s'appliquer à tout type de projet informatique, la méthode est relativement vaste. Un chef de projet a besoin d'une bonne connaissance méthodologique pour choisir le bon scénario avec les modules et les résultats appropriés.

Le scénario de développement spécifique agile montre en principe comment la méthode agile SCRUM peut être utilisée dans HERMES. Mais ce scénario ne tient pas compte des configurations d'origine spécifiques des projets et des variantes de mise en œuvre qui en découlent.

Objectif

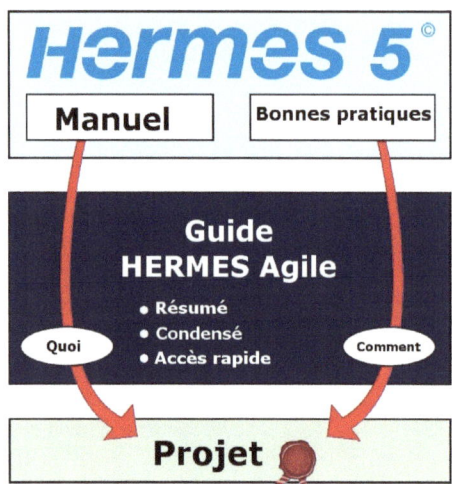

Figure 1: Objectif

Le but de ce guide est de fournir au chef de projet et aux parties prenantes des lignes directrices pour la mise en œuvre pratique d'un projet agile selon HERMES. La démarche agile et les principaux résultats attendus sont présentés selon la taille, la complexité et les exigences techniques de chaque configuration d'origine et variantes de mise en œuvre des projets considérés.

Chapitre 2 :
Les bases

Indépendamment de la méthode avec laquelle un projet est réalisé, la réussite du projet dépend principalement des personnes impliquées, dont la conviction et la motivation permettront d'atteindre les objectifs du projet. L'interaction entre les parties prenantes, et leur coopération, basée sur la confiance et la volonté de progrès sont les fondements de la réussite du projet.

Nous nous référons donc d'abord, comme pour toutes les méthodes agiles, au Manifeste Agile dans lesquels ces aspects sont clairement mis en évidence :

Nous découvrons comment mieux développer des logiciels par la pratique et en aidant les autres à le faire.
Ces expériences nous ont amenés à valoriser :

Les individus et leurs interactions *plus que les processus et les outils*

Des logiciels opérationnels *plus qu'une documentation exhaustive*

La collaboration avec les clients *plus que la négociation contractuelle*

L'adaptation au changement *plus que le suivi d'un plan*

Nous reconnaissons la valeur des seconds éléments, mais privilégions les premiers.
[agilemanifesto.org]

Fondements et Principes

Le guide est basé sur les éléments suivants :

a. HERMES est utilisé comme un outil de gestion de projet et fournit ainsi le cadre du projet. Ce cadre décrit le **QUOI**, ce qui doit être produit durant un projet. Les résultats documentaires proviennent ainsi exclusivement de HERMES. Toutefois seuls les résultats qui apportent une valeur ajoutée au projet seront utilisés. Il en est de même pour les rôles : les rôles SCRUM seront utilisés, et au besoin d'autres rôles HERMES pourront être utilisés.
b. Les méthodes agiles comme SCRUM et Extreme Programming XP montrent **COMMENT** travailler efficacement dans un cadre de projet. Ces méthodes se concentrent sur le développement logiciel, mais les pratiques de travail peuvent aussi être appliquées à d'autres tâches et modules à l'intérieur d'un projet, comme par exemple les Bases du projet, achat, structures organisationnelles, etc.
c. Le projet est mené de manière itérative après la phase d'initialisation. Les phases qui suivent l'initialisation sont transparentes pour l'équipe de développement étant donné qu'elle n'est impliquée que partiellement dans le pilotage du projet. Le pilotage du projet pour cette équipe de développement est réalisé au travers du Backlog et des sprints.

Concernant la terminologie des rôles, résultats et activités, nous utiliserons les termes de la méthode agile SCRUM, et entre parenthèses le terme HERMES correspondant s'il existe.

Chapitre 2: Les bases

Le guide respecte les principes suivants :

1. Tous les résultats et toutes les activités sont priorisés selon la « Business Value », avec le but de maximiser cette valeur pour le mandant ou le groupe cible du projet. Ceci est valable pour les exigences mais aussi pour les ordres du jour des réunions. La priorité est unique, c'est à dire qu'il n'existe aucun résultat ni aucune activité avec la même priorité.
2. La production respecte strictement ces priorités. Le résultat attendu ayant la plus haute priorité sera élaboré en premier, l'activité ayant la plus haute priorité sera réalisée en premier.
3. Chaque fois que cela est possible, les activités sont menées selon le principe du time-boxing. C'est à dire qu'un espace temporel est défini pour ces activités, et que cet espace temporel ne peut être dépassé. Lorsque la fin de cet espace temporel est atteinte, l'activité se termine. Les fonctions non développées à la fin d'une itération/sprint seront à nouveau priorisé dans le Product Backlog.
4. Des activités récurrentes seront réalisées durant ces espaces temporels fixes (quotidiennement, de façon hebdomadaire, etc.).
5. Tous les résultats obtenus seront présentés au client lorsqu'ils sont achevés, et au plus tard à la fin de l'itération correspondante.
6. A la fin d'une itération, une rétrospective permettra d'imaginer des façons de réaliser le travail de façon plus efficiente.
7. Le développement du logiciel est basé sur le processus agile SCRUM. Ainsi, les exigences en matière de développement logiciel seront gérées et raffinées dans une Product Backlog (Exigences envers le système, Spécifications).
8. Selon ce guide, le projet le plus simple présente les résultats suivants, classés selon la « Business Value » :
   a. Système informatique
   b. Mandat de projet
   c. Product Backlog (Exigences envers le système, cahier des charges)
   d. Plan de gestion du projet
   e. Sprint Backlog (Exigences envers le système, cahier des charges pour une itération)
   f. Burndown Chart (Mesure de la performance pour toute la durée du projet)
9. Selon ce guide, le projet le plus simple passe par les phases suivantes avec au minimum les résultats suivants :
   a. Phase d'initialisation : Mandat de projet, Plan de gestion du projet, Création du Product Backlog initial
   b. Phases de conception, de réalisation et de déploiement au travers d'un sprint : Sprint Backlog, Burndown Chart, livraison du logiciel terminé.

Conditions préalables et challenges

Les conditions préalables pour un projet agile ne sont pas différentes de celles de projets gérés selon une autre méthode. L'initialisation du projet est toujours l'une des phases les plus importantes. La démarche doit être définie dans le plan de gestion du projet, avec par exemple une référence au présent guide. Le mandant doit soutenir la démarche, en approuvant le mandat de projet, et éventuellement en faisant référence au plan de gestion du projet, et en libérant la phase de conception.

Les pratiques agiles sont largement diffusées dans le développement logiciel, mais sont en grande partie inconnue des acteurs métier du projet. Ces derniers doivent donc être formés. Il est également conseillé d'engager un coach agile au moins pour les deux à trois premiers sprints, afin de soutenir les acteurs du projet dans leurs rôles.

Tous les participants au projet doivent être compris comme une seule équipe et bien communiquer les uns avec les autres, y compris lorsque le coté métier (utilisateur de service) et le côté technique (prestataire ou fournisseur) ne sont pas sur le même site et n'ont jamais coopéré précédemment. Les participants au projet doivent donc posséder de grandes compétences sociales.

Le travail réalisé selon les pratiques agiles est très transparent pour tous les participants au projet, de telle sorte que l'on voit rapidement si quelque chose ne fonctionne pas dans le projet, si des problèmes surviennent, ou si l'avancement ne correspond pas aux attentes. Tout le monde n'est pas capable de travailler en toute transparence et certains s'opposent à cette transparence lorsque des problèmes surviennent. Cette transparence est pourtant extrêmement importante. Elle favorise la confiance mutuelle entre les parties prenantes et constitue le socle des projets qui réussissent.

Tout projet rencontre des problèmes. Les projets agiles ne font pas exception. C'est la raison pour laquelle les activités difficiles sont gérées en mode projet, car cette forme particulière d'organisation permet de répondre plus rapidement aux problèmes. Dans les approches de projet non agiles, l'on est souvent tenté de dissimuler les problèmes le plus longtemps possible. Avec le principe agile de la transparence, ces pratiques ne sont plus possibles.

Chapitre 3: HERMES Agile

Chapitre 3 :

HERMES Agile

Nous allons à présent vous montrer étape par étape comment HERMES Agile peut être concrètement mis en œuvre.

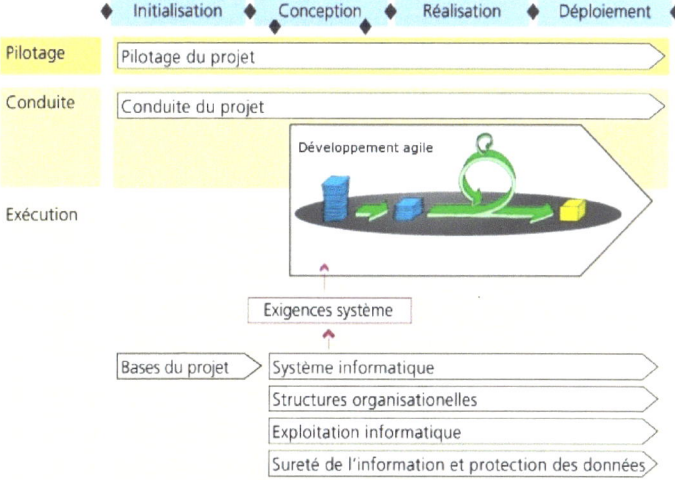

Figure 2: Démarche du point de vue de HERMES

Dès la libération du projet à la fin de la phase d'initialisation, le mandant doit décider si la démarche projet peut être réalisée selon les directives du présent guide. Il est recommandé de faire le choix de cette variante dès la phase d'initialisation. La décision peut également être prise d'utiliser le scénario adéquat. Si l'approche agile est choisie, alors cette approche doit être acceptée et soutenue par le management.

Les activités des phases de conception, de réalisation et de déploiement seront réalisées pour chaque sprint. Comme plusieurs sprints sont généralement nécessaires pour la réalisation d'un des objectifs du projet, la même activité sera réalisée plusieurs fois. La préparation des structures organisationnelles requises, et l'organisation de l'exploitation informatique seront mises en œuvre dans les modules correspondants en parallèle au développement.

Guide HERMES 5 Agile

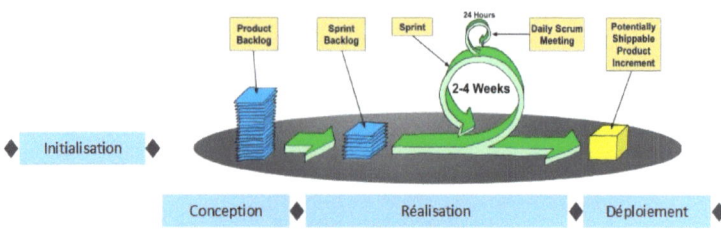

Figure 3: Démarche du point de vue de SCRUM

Du point de vue de SCRUM, le développement débute après la fin de la phase d'initialisation, lors de la phase de conception, après qu'un partenaire de développement a été choisi, et que le périmètre du développement est défini de manière assez stable pour que le premier sprint puisse commencer. A partir de ce jalon, les travaux de développement logiciel suivent la démarche SCRUM. Un Product Backlog initial est produit dans la phase d'initialisation ou au début de la phase de conception.

Les tâches d'assurance qualité, de gestion du changement et de gestion des risques du module Conduite de projet font à cet égard partie intégrante des sprints. D'autres tâches de gestion de projet sont réalisées en parallèle au développement selon SCRUM, idéalement par le Product Owner.

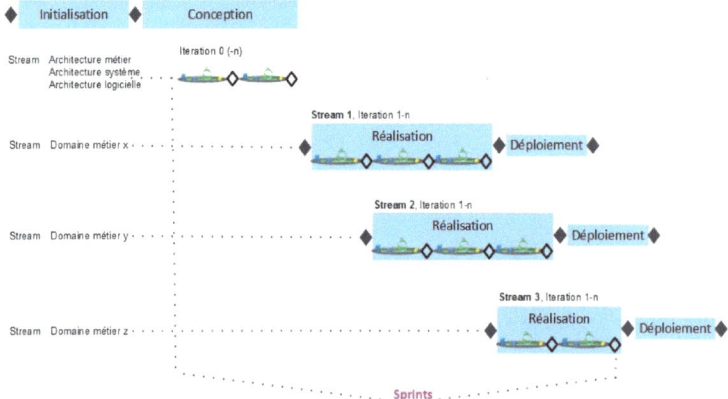

Figure 4: Les flux

Les projets complexes et de taille importante sont normalement gérés avec plusieurs équipes de développement. Les équipes de développement

Chapitre 3: HERMES Agile

travaillent avec un Product Backlog commun, mais chacune possède son propre Sprint Backlog.

Les User Stories, respectivement les exigences sont distribuées aux équipes selon des critères techniques.

Pour de tels projets, il est préférable si possible de commencer avec *une* équipe de développement, qui va réaliser la phase de conception. L'équipe de développement s'occupe tout d'abord des tâches de base, c'est à dire la mise en œuvre du concept de base pour les aspects métier et technique, sur la base des premières fonctionnalités métier. Ce peut être le concept d'utilisabilité pour les aspects métier, et dans le même temps l'interaction des frameworks les plus importants et l'intégration des fonctions dans la plateforme cible, pour les aspects techniques.

S'il y a accord sur la pertinence et la viabilité du concept de base correspondant, plusieurs équipes peuvent travailler en parallèle dans la phase de réalisation en plusieurs sprints, et ultérieurement dans la phase de déploiement pour mettre en production les produits de la release.

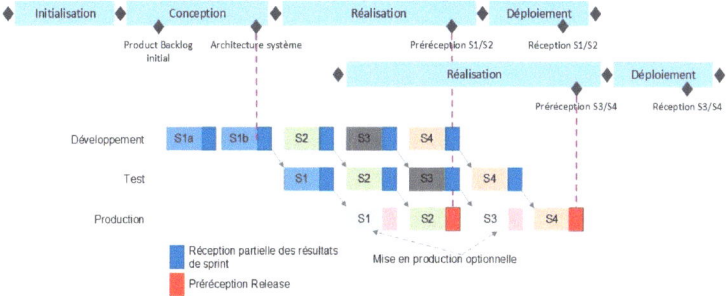

Figure 5: Démarche & Points de décision (Exemple)

Les sprints ne doivent pas être assimilés à des Releases. Théoriquement, chaque sprint peut donner lieu à une mise en production (S1). En pratique, plusieurs sprints réunis donnent lieu à une release de mise en production (Préréception S1/S2).

Les fonctionnalités développées durant un sprint ne sont pas souvent installées directement en production, mais d'abord dans un environnement de test, dans lesquels les tests d'intégration et les formations peuvent être déroulés. Si des erreurs subsistent, alors elles sont positionnées dans le Product Backlog et seront corrigés en priorité dans le sprint suivant.

Pour la conduite du projet, les décisions suivantes doivent être prises:

- Libération officielle du Product Backlog initial. La complétude du Product Backlog dépend fortement de l'environnement du projet.
- Libération formelle de l'architecture du système. Nous examinons ici en particulier si les exigences non fonctionnelles telles que la sécurité, la maintenabilité, l'extensibilité et la performance peuvent être satisfaites avec l'architecture, les frameworks et les technologies choisis.
- Lors de la pré-réception, mise en production auprès des utilisateurs finaux, si le système est suffisamment mature en terme de fonctionnalités et de stabilité.
- Lors de la réception, acceptation et livraison du système ou sous-système aux utilisateurs finaux.

Phases

Phase d'Initialisation

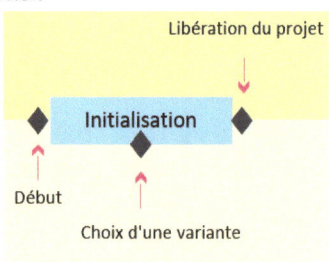

Figure 6: Phase d'Initialisation

Dans la phase d'initialisation seront réalisés, au minimum, le mandat de projet et le plan de gestion du projet. Le cas échéant, une référence au présent guide sera indiquée dans le chapitre 12 du plan de gestion du projet. Le mandant, et éventuellement le comité de pilotage, accepte, entre autres, la démarche du présent guide lors de l'approbation du mandat de projet.

Si l'initialisation n'a pas déjà été effectuée par le Product Owner, alors il doit le réaliser à ce stade, car c'est bien lui qui est largement responsable de la définition de ce Product Backlog initial.

Le cadre général en termes d'effort et de durée peut alors être estimé, et les items du Product Backlog sont sommairement estimés et priorisés en fonction de la Business Value. Pour déterminer la Business Value, les aspects techniques doivent être pris en considération. Ces aspects techniques pourront être rédigés par le Scrum Master. D'une façon générale :

Chapitre 3: HERMES Agile

On affecte en général la plus grande Business Value aux exigences non-fonctionnelles ou aux exigences globales, car si elles ne sont pas réalisées, alors le produit, respectivement le logiciel, est en général inutilisable.
A ce stade la technologie avec laquelle le développement sera réalisé est également choisie, ainsi que les plateformes sur lesquelles le futur système sera exécuté (Composants du choix de la variante).

Avec l'approbation du mandat du projet, la phase de Conception, réalisée alors selon SCRUM, est libérée.

Phase de Conception, Réalisation et Déploiement

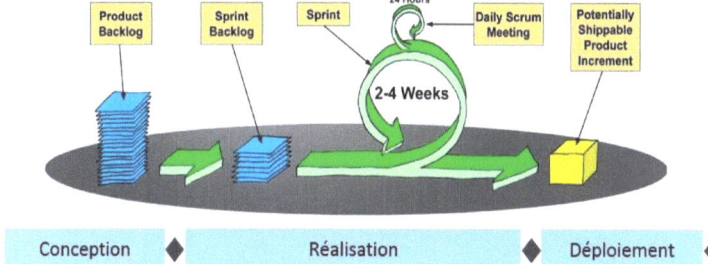

Figure 7: Mise en œuvre des phases

Un logiciel „utilisable" sera développé durant les phases de Conception, de Réalisation et de Déploiement. Le développement du logiciel suit en effet le processus de développement logiciel SCRUM.

Les rôles

Dans les projets agiles, il existe au minimum trois rôles : le Product Owner, le Scrum Master et l'équipe de développement. Les aspects financiers, temporels et administratifs sont de la responsabilité du chef de projet. Les rôles de Product Owner et de chef de projet sont souvent endossés par des personnes différentes. Si d'autres rôles sont nécessaires pour le projet, alors la désignation des rôles suivra principalement la démarche HERMES.

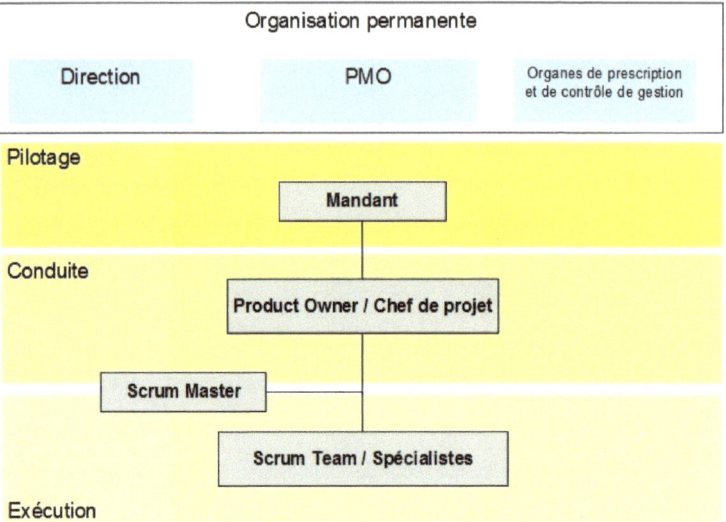

Figure 8: Les rôles

Les sections suivantes décrivent les trois rôles du monde agile. Le terme HERMES correspondant à ces rôles est indiqué entre parenthèses le cas échéant. Il est tout à fait possible, si cela est requis dans le projet, de prendre des rôles ou des groupes de rôles supplémentaires dans HERMES.

Chapitre 3: HERMES Agile

Product Owner, PO
(Chef de projet, Business Analyst, Représentant des utilisateurs, Responsable d'application)

Le Product Owner définit l'objectif commun que lui et l'équipe doivent atteindre. Pour définir ces objectifs, il se sert principalement des User Stories

Il établit régulièrement les priorités de chaque item du Product Backlog. Il fixe pour cela les Features les plus importantes dans lesquelles l'équipe de développement pioche pour le prochain sprint.
Le Product Owner gère l'effort de développement de l'équipe grâce à sa vision métier, décrit les besoins/fonctions dans le Product Backlog et les priorise sur la base de l'analyse de la valeur. Pour ce rôle, le Product Owner doit répondre aux questions de l'équipe de développement et donner ses orientations

Le Product Owner doit respecter la valeur d'auto-organisation promue par SCRUM, avec comme conséquence la définition de leur propre plan d'action. Cela signifie qu'il est interdit pour le Product Owner de modifier le Product Backlog au cours d'un Sprint. L'étendue d'un sprint ne doit normalement pas être modifiée. Cependant, l'équipe de développement peut demander au Product Owner de reporter les exigences ayant les priorités les plus faibles ou de proposer des exigences supplémentaires à mettre en œuvre durant le sprint. Même si les exigences changent ou si une organisation concurrente propose un nouveau produit qui rendrait le travail des équipes de développement obsolètes, le Product Owner ne peut pas modifier la planification du sprint avant le Planning Meeting suivant. Il peut toutefois annuler le sprint courant à tout moment.

En outre, il est de la responsabilité du Product Owner de déterminer les actions entreprises qui produisent le plus de bénéfices métier. Le Product Owner doit vérifier régulièrement et ce de façon proactive, quelles fonctions du produit sont les plus importantes et quand elles doivent être développées. Tout comme l'équipe de développement doit réaliser le travail négocié avec le Product Owner et produire les résultats correspondants, le Product Owner doit livrer le produit au client final.

Le propriétaire du produit est responsable des tâches suivantes :

- Définir les fonctionnalités métier sous la forme de User Stories
- Définir les exigences de qualité
- Déterminer l'ordre de réalisation (à partir d'un point de vue métier)
- Réceptionner les fonctionnalités réalisées
- Assurer la cohérence des fonctionnalités
- Assurer la qualité des User Stories
- Assigner les User Stories aux équipes de développement

Scrum Master, SM

(Business Analyst, Architecte Informatique, Développeur)

Le Scrum Master a le devoir de surveiller la répartition des rôles et des droits. Il maintient la transparence tout au long du développement et aide à identifier et à exploiter le potentiel d'amélioration.

Il n'est en aucun cas responsable de la communication entre l'équipe de développement et le Product Owner, car ils communiquent directement.

Il assiste l'équipe de développement, mais n'est pas un Product Owner. Le Scrum Master s'assure que tous les moyens sont mis à disposition de l'équipe de développement pour qu'elle soit productive, il règle les conditions de travail de telle sorte que les membres de l'équipe de développement soient satisfaits. Il s'attache donc à la bonne gestion et la bonne exécution de Scrum au sein du projet.

Le Scrum Master est responsable des tâches suivantes :

- Assurer la conformité avec le processus Scrum
- Animer les équipes de développement
- Résoudre les problèmes de l'équipe de développement respectivement du processus Scrum

Equipe de développement, ED

(Développeur, Architecte Informatique, Testeur, Responsable des processus métier, Membre du comité spécialisé, Business Analyst, Représentant des utilisateurs, Responsable de l'exploitation, Responsable d'application)

L'équipe de développement a le devoir de réaliser le logiciel / produit, et intègre les rôles requis pour atteindre cet objectif. L'équipe de développement a les responsabilités suivantes :

- Implémenter les fonctionnalités des User Stories du Sprint Backlog
- Respecter les guidelines
- Assurer la conformité avec les exigences de qualité
- Documenter ses travaux de manière transparente sur le Scrum Board
- Formuler les tâches techniques dans le cadre des User Stories
- Définir et documenter le système (documentation technique)
- Documenter le système (documentation métier)
- Estimer l'effort

Résultat

Les documents importants, qui apportent une valeur ajoutée au projet, proviennent généralement de HERMES.

Les résultats spécifiques à SCRUM seront décrits dans les chapitres suivants.

Product Backlog

Le Product Backlog représente sous forme d'une liste les items du Product Backlog. Les items du Backlog représentent des exigences sous quelque forme que ce soit. Ce peut être une formulation textuelle, comme par exemple une User Story selon le modèle :

> « En tant qu'utilisateur avec le rôle X
> j'ai besoin de telle fonctionnalité,
> afin d'atteindre l'objectif Y »

Ou sous tout autre forme appropriée qui soit un moyen mnémotechnique pour le Product Owner dans sa planification du Sprint 1, ou qui aide à la compréhension du contexte de l'implémentation. La forme et la granularité du Product Backlog dépend fortement du projet et de la façon dont le Product Owner a travaillé. Il est important de se souvenir que :

« Dans un projet Scrum, personne ne doit faire d'hypothèse sur la signification d'un item du Backlog ; ce qui n'est pas discuté ne peut pas être livré. »

Les items du Product Backlog sont ensuite priorisés dans une liste selon leur importance (Business Value).

Le Product Backlog est généralement estimé en Story Points. En général, l'estimation est réalisée par l'équipe à l'aide de la méthode du Planning Poker. Les Story Points représentent le coût relatif des items du Product Backlog les uns avec les autres. L'estimation est effectuée après la création du Product Backlog initial puis lors des réunions d'estimation durant les Sprints.

Product Backlog initial

Le Product Backlog initial est créé dans la phase d'initialisation et est le point de départ du développement selon Scrum. Pour que le Product Owner puisse réaliser une première priorisation, l'ensemble du Product Backlog doit être sommairement estimé, de telle sorte que le dimensionnement de la réalisation en termes de complexité apparaisse clairement.

Si un prix fixe est demandé par le mandant (Appel d'offre OMC, Contrat d'entreprise/Contrat au forfait), alors le Product Backlog initial doit être réalisé au préalable de façon extrêmement détaillée. Les nouvelles fonctionnalités qui seront ajoutées ultérieurement dans le Product Backlog, seront alors soumises à un processus classique de gestion des changements.

Si le projet est géré en régie, alors le Product Backlog initial doit être suffisamment détaillé pour qu'un budget et un nombre de sprints puissent être estimés.

Sprint Backlog

Le Sprint Backlog contient toutes les tâches nécessaires à l'atteinte de l'objectif du sprint. Une tâche doit pouvoir être complétée en une journée. Des tâches plus longues doivent être décomposées en tâches plus petites. Lors de la planification du sprint, on ne planifie pas plus de tâches que l'équipe de développement ne peut réaliser dans le sprint de façon réaliste. Cette planification est typiquement estimée à partir de la vélocité des sprints précédents.

Burndown Chart

Le Burndown Chart est un graphique pour représenter quotidiennement l'effort restant par sprint. Idéalement, cette courbe diminue continuellement (d'où le nom de Burndown) et l'effort restant à la fin du sprint est pratiquement nul. Ce graphique permet, en projetant la pente de la courbe pendant le sprint, de savoir si l'effort estimé au début va être réalisé.

Il est possible de gérer plusieurs Burndown Charts. Par exemple un Burndown Chart de sprint qui sert à l'équipe de développement et un Burndown Chart général qui sert au client, grâce auquel il peut estimer si le flux correspondant va permettre de réaliser les fonctionnalités dans le nombre de sprints envisagés.

Impediment Backlog

Dans le Impediment Backlog sont indiqués tous les obstacles au projet. Le Scrum Master est responsable d'éliminer ces obstacles avec l'équipe.

Definition of Done (DoD)

La Definition of Done décrit les exigences générales qui doivent être remplies au moment du Review Meeting afin que le Product Owner réceptionne les fonctionnalités. Ce peut être par exemple des tâches concernant la couverture des tests, ou des tâches liées à l'environnement sur lequel les fonctionnalités doivent être présentées, ou encore respecter les règles de codage ou d'autres éléments.

La Definition of Done n'est pas une longue liste de choses qui doivent être réalisées, pour qu'une tâche soit considérée comme terminée. Comme toujours, lorsqu'il s'agit de définir les critères qualité, il faut établir des règles de priorité. La Definition of Done doit avoir sa place sur le Scrum Board ou à côté. Elle est en général très courte, ne doit pas être plus grande qu'une page A4 et doit être lisible à partir de trois mètres de distance.

Chapitre 3: HERMES Agile

Quelques exemples :

1. Tous les tests unitaires sont exécutés sans erreur dans l'environnement d'intégration.
2. La couverture de test est > 60%.
3. Un second développeur a testé la fonction, respectivement on lui a fait la démonstration de la fonction et on lui a montré le code (Principe des quatre yeux).

Meetings

Sprint Planning 1

Lors de cette réunion qui dure au maximum quatre heures, le Product Owner explique à l'équipe de développement autant d'articles du Backlog que l'équipe pense pouvoir implémenter durant le sprint suivant. Il se met également d'accord avec l'équipe sur le but du sprint. Le but du sprint constitue pour le sprint la base de la réception. Les éléments les plus prioritaires du Product Backlog sont transférés au Sprint Backlog en fonction des résultats de la réunion.

Sprint Planning 2

Lors de cette réunion qui dure au maximum quatre heures, l'équipe de développement s'organise en toute autonomie. Les items du Product Backlog sélectionnés sont décomposés en tâches et la complexité est estimée grâce au Story Points. Le Sprint Planning 2 se termine lorsque l'on sait quels items du Product Backlog seront effectivement réalisés dans le sprint suivant, sur la base de l'estimation des tâches et de la vélocité des équipes de développement correspondantes. La vélocité est calculée sur la base de celle du sprint précédent et correspond au nombre de Story Points réalisés durant ce précédent sprint. Dans le premier sprint pour lequel n'existe aucune mesure préalable, la vélocité est estimée par l'équipe de développement.

Daily Scrum

Un court Daily Scrum se tient chaque jour (maximum 15-minutes).

Scrum ne définit pas de moment précis pour la réunion qui doit cependant se tenir tous les jours à la même heure. Un des moments proposés pour le Scrum Meeting est juste après le déjeuner, car les Scrum Meetings planifiés le matin entre souvent en collision avec les horaires flexibles. De plus, le coup de fatigue après le repas ne pèse pas autant pour un Scrum Meeting que pour d'autres activités, vu que ses participants peuvent tout à fait rester debout. Les Meetings sont plus courts que le matin car les informations générales ou nouvelles ont été abordées plus tôt et les développeurs sont déjà bien concentrés sur leur travail.

Chaque membre de l'équipe répond aux questions suivantes:

- Quelles tâches as-tu accomplies depuis la dernière réunion ?
- Sur quelles tâches vas-tu travailler d'ici la prochaine réunion ?
- Est-ce qu'il y a un problème qui te gène dans l'accomplissement de tes tâches ?

La réunion sert à échanger des informations entre les membres de l'équipe de telle sorte que chacun soit au courant de tout. Si de nouveaux obstacles ont été identifiés, ils doivent être traités par le Scrum Master. Pour cela, ils sont enregistrés dans Impediment Backlog. Durant le Daily Scrum, seuls les membres de l'équipe et le Scrum Master ont le droit de parole; tous les autres participants (ceux qui sont intéressés, par exemple le Product Owner, les supérieurs hiérarchiques, les clients, les autres équipes de développement) parlent uniquement si ils sont interrogés.

Les grands projets sont conduits grâce à l'introduction de Scrum-of-Scrum-Meetings, et de Product Owner Daily Scrums et Scrum Master Weekly.

Review

A la fin du sprint lors de la réunion de Review-Meeting, qui dure au maximum quatre heures, une revue informelle des résultats du sprint par l'équipe de développement et le Product Owner est effectuée. Le résultat du Sprint (en règle générale le logiciel courant) est démontré, les caractéristiques techniques éventuellement présentées. Le Product Owner vérifie si les résultats du Sprint correspondent à ses exigences. D'éventuelles modifications peuvent être documentées sous la forme d'ajout, de modification des priorités, ou de suppression d'éléments du Product Backlog.

Rétrospective

Lors de la rétrospective, qui dure au maximum trois heures, le sprint passé est examiné. Il ne s'agit pas ici de « Lessons Learned », mais plutôt d'avoir un premier regard en arrière pour apprécier les résultats du Sprint.

L'équipe et le Scrum Master se posent les questions suivantes :

- Qu'est-ce qui a bien fonctionné ?
- Qu'est-ce qui pourrait être amélioré ?

Chaque potentiel d'amélioration est priorisé et est affecté à un domaine de responsabilité (Equipe de développement ou organisation). Tous les thèmes associés à l'organisation seront traités par le Scrum Master et enregistrés dans l'Impediment Backlog. Tous les points liés à l'équipe Scrum seront positionnés dans le Product Backlog. Peu importe comment a lieu la rétrospective, le but est d'apprendre du sprint passé en y réfléchissant.

Estimation Meeting

Un Estimation Meeting a lieu en général une fois par Sprint. Le Product Owner présente les nouvelles entrées du Product Backlog de sorte que l'équipe de développement puisse faire une estimation sommaire.

L'estimation est pour le Product Owner un moyen essentiel pour faire la priorisation de chaque élément, et estimer le coût total du projet.

Le Planning Poker ou le Smart Poker sont des outils qui conviennent bien pour l'estimation. Avec ces outils, l'effort n'est pas directement estimé en heures ou en jours, mais en niveau de complexité, grâce aux Story Points

Planification

Un planning sert à montrer le chemin vers l'objectif poursuivi, en rendant visible les écarts durant le voyage, et si nécessaire permettre de définir consciemment de nouveaux objectifs

Le planning est défini par le Product Owner. Le Scrum Master peut assister le Product Owner dans cette tâche.

Début de la planification

Lors de la création du Backlog initial, les items sont priorisés. Chaque élément est ensuite sommairement estimé. La quantité des Sprints requis est alors déterminée sur la base de cette estimation.

Comme les testeurs métier connaissent le temps nécessaire pour atteindre un thème métier, il est possible de réaliser la démonstration du Sprint selon un thème donnée, en respectant les priorités du Product Backlog. Un thème correspond à cet égard à un ensemble d'items du Product Backlog.

Planifier

Durant le projet, pour chaque sprint au moment de l'initialisation après le Planning Meeting 2, le planning est vérifié et mis à jour. Le nombre de sprints est vérifié et les thèmes de chaque sprint sont adaptés. Les participants du projet peuvent donc voir si plusieurs sprints sont nécessaires ou si les thèmes des sprints sont reportés ou repriorisés.

Nouveaux Items du Product Backlog

Il est naturel pour un projet logiciel que de nouvelles fonctions ou des thèmes entiers surgissent, auxquels personne n'avait pensé durant la phase d'initialisation du projet. Les thèmes ou les fonctions seront positionnés dans le Product Backlog. Les nouveaux Items seront estimés par l'équipe de développement lors d'un Estimation-Meeting.

Chapitre 4 :
Gestion de la qualité et des risques

Gestion de la qualité

Pour assurer la qualité des objectifs et des exigences, il est recommandé de mettre en place pendant la phase d'initialisation un contrôle qualité classique respectivement d'établir un processus de libération.

L'équipe de développement est responsable de la qualité du système informatique au cours des phases d'initialisation, de réalisation et de déploiement. Les attentes du Product Owner en termes de qualité figurent dans la Definition of Done. Y sont indiquées les exigences générales qui doivent être remplies lors du Review Meeting pour que le Product Owner réceptionne les fonctionnalités. Ce peut être, par exemple, des indications sur la couverture de test ou sur l'environnement avec lequel la fonctionnalité doit être démontrée, ou d'autres caractéristiques.

La qualité pour l'utilisateur final, à savoir si le système est utile et approprié pour une utilisation quotidienne doit être collectée et vérifiée par des tests métier classiques.

Gestion des risques

Les risques sont par principe minimisés dans une approche agile. Grâce à la priorisation des exigences selon la Business Value, les risques les plus importants sont traités automatiquement le plus tôt, si l'évaluation des risques est faite correctement.

Il est important que l'évaluation des risques soit réalisée tant par le Product Owner que par l'utilisateur final mais aussi avec le Scrum Master et l'équipe de développement.

Un risque doit toujours être évalué avec un coût et une probabilité d'apparition. Le produit de ces deux valeurs donne la Business Value. Les mesures de mitigation des risques seront ainsi priorisées.

Les tâches découlant des mesures de mitigation ou d'autres exigences seront priorisées avec la même Business Value et ajoutées dans le Product Backlog.

Chapitre 5 :
Variantes

Quatre variantes sont présentées :

- Projet simple
- Projet avec des groupes d'utilisateurs différents
- Projet avec une nouvelle technologie / Architecture
- Projet avec plusieurs équipes de développement

Ces variantes servent de cadre pour les différentes possibilités de démarches décrites et sont destinées à faciliter la compréhension.
Selon les risques et les caractéristiques d'un projet donné, il est possible de combiner ces différentes variantes.

Projet simple

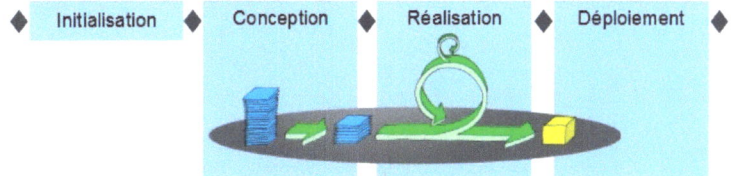

Figure 9: Projet simple

Dans un projet simple, le périmètre est clair pour tous les participants dès le début. Les objectifs à atteindre font l'objet d'un large consensus parmi les participants. Seuls subsistent des risques limités, liés à la technologie et à la mise en œuvre.

Caractéristiques :

- Vision claire du mandant.
- Toutes les parties prenantes sont d'accord sur les objectifs à atteindre.
- L'infrastructure sur laquelle le futur système sera mis en production est connue et sera utilisée pour d'autres systèmes par l'exploitant envisagé.
- Seule *une* équipe de développement est nécessaire, avec au maximum huit personnes.
- La majeure partie de l'équipe de développement a déjà travaillé en mode agile, et a créé un système similaire avec la même technologie.

Risques :

- Il n'existe aucun risque majeur lié aux exigences et à la technologie.

Guide HERMES 5 Agile

Démarche :

Le Product Backlog initial est créé dès la phase d'initialisation. Le mandant décide de la réalisation. Le système est créé et déployé dans les phases suivantes. Il est également envisageable, voire recommandé dans cette variante de déployer chez les utilisateurs plusieurs versions ou releases.

Résultats : voir annexe Tableau 1: Résultats de la variante „Simple"

Projet avec des groupes d'utilisateurs différents

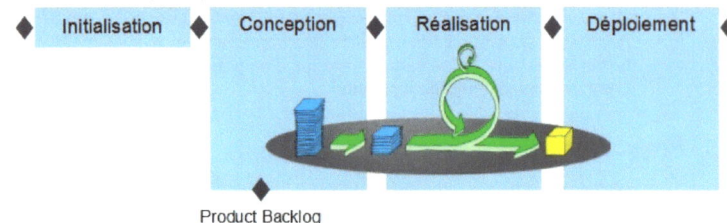

Figure 10: Projet avec des groupes d'utilisateurs différents

Dans un projet avec différents groupes d'utilisateurs, nous devons prendre le temps nécessaire pour organiser une vue consolidée du problème et une représentation uniforme des objectifs du système logiciel. La vision, les objectifs et les exigences du Product Backlog initial doivent être élaborés étape par étape, afin d'éviter le risque d'interruption du développement par de longues explications des Product Owners.

Caractéristiques :

- Il existe différents groupes d'utilisateurs, avec des opinions différentes concernant la finalité et les objectifs à atteindre pour le système logiciel.
- La vision n'est pas claire dans un premier temps et doit être élaborée avec le mandant.
- L'infrastructure sur laquelle le futur système sera mis en production est connue et sera utilisée pour d'autres système par l'exploitant envisagé.
- Seule *une* équipe de développement est nécessaire, avec au maximum huit personnes.
- La majeure partie de l'équipe de développement a déjà travaillé en mode agile, et a créé un système similaire avec la même technologie.

Risques :

- Il existe des risques liés à la mise en place d'objectifs consolidés et à la collecte des exigences.
- Il n'existe aucun risque majeur lié à la technologie.

Chapitre 5: Variantes   **29**

Démarche :

La phase d'initialisation suit la démarche HERMES. Il se peut que pendant la phase d'initialisation et au début de la phase de conception, aucun Product Owner, aucun Scrum Master et aucune équipe de développement n'existe ou n'ait été déterminé. Il se peut que cette identification se produise seulement dans la phase de conception. Comme les technologies dans cette variante sont connues, aucune décision ne doit être prise concernant l'architecture dans la phase de conception, cette décision ayant déjà été prise dans la phase d'initialisation. Il est également envisageable, voire recommandé dans cette variante de déployer chez les utilisateurs plusieurs versions ou releases.

Résultats : voir Annexe Tableau 2: Résultats pour la variante „Groupes d'utilisateurs différents"

Projet Nouvelle Technologie / Architecture

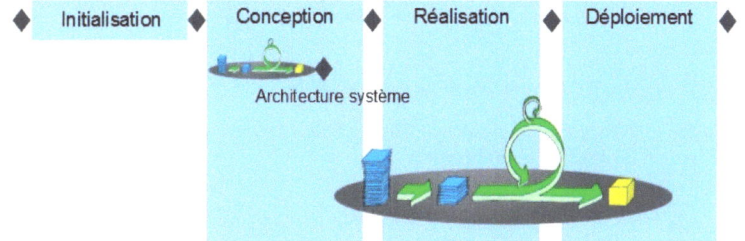

Figure 11: Project Nouvelle Technologie / Architecture

Dans cette variante, nous supposons, comme pour la variante simple, que la vision et les objectifs sont clairs dès le départ. Le challenge réside dans les technologies, qui sont nouvelles pour l'équipe de développement ou qui sont utilisés dans une nouvelle version. Il se peut aussi que les technologies soient connues, mais que l'architecture soit nouvelle pour l'équipe. Dans ce cas, les exigences non fonctionnelles, telles que le temps de réponse ou la stabilité ne peuvent être vérifiés sur un système existant.

Caractéristiques :

- Vision claire du mandant.
- Tous les Stakeholders sont d'accord sur les objectifs à atteindre.
- L'infrastructure sur laquelle le futur système sera mis en production n'est pas connue, ou bien les composants logiciels envisagés sont nouveaux, ou bien l'architecture choisie est nouvelle pour le domaine d'application.

Risques :

- Il n'existe pas de risques majeurs liés à la mise en place d'objectifs consolidés et à la collecte des exigences.
- Il existe des risques liés à la technologie envisagée.

Démarche :

Comme dans la variante Simple, le Product Backlog est défini dès la phase d'initialisation.

Dans les premiers sprints, les exigences non-fonctionnelles sont vérifiées. Cela est toujours réalisé par *une seule* équipe de développement. Les résultats doivent être présentés au Product Owner, afin qu'il puisse donner l'approbation pour le développement des fonctionnalités restantes.

Cela signifie alors que l'autorisation pour le développement en deux étapes est donnée. L'autorisation des sprints suivants suit la phase d'initialisation. Une partie des exigences est mise en œuvre dans ces sprints, avec l'objectif de démontrer la faisabilité des exigences non-fonctionnelles avec la technologie ou l'architecture sous-jacente. Si le Product Owner ou le chef de projet est convaincu des résultats, alors il effectue la libération pour le développement des exigences restantes.

Résultats : Voir annexe Tableau 3: Résultats de la variante „Nouvelle Technologie / Architecture"

Projet avec plusieurs équipes de développement

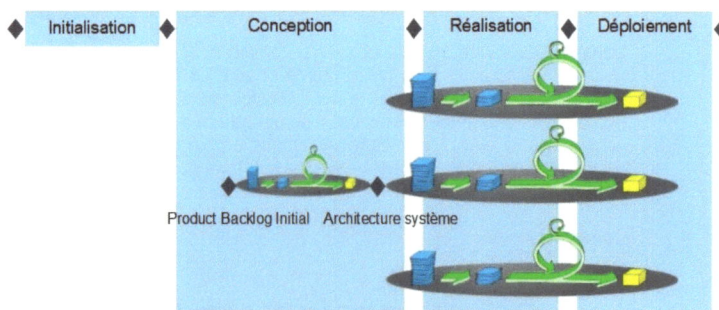

Figure 12: Projet Plusieurs équipes de développement

Dans cette variante, le système sera mis en place avec plusieurs équipes de développement. Nous allons également supposer dans cette variante que plusieurs groupes d'utilisateurs existent. Cette variante correspond habituellement à des projets de taille moyenne à grande.

Chapitre 5: Variantes

Caractéristiques :

- Il existe différents groupes d'utilisateurs qui ont des idées différentes sur le but et les objectifs du système logiciel à développer.
- La vision n'est pas claire fans un premier temps et doit être élaborée avec le mandant.
- Le développement s'effectue avec plusieurs équipes de développement en parallèle, éventuellement organisé en plusieurs flux selon le métier.

Risque :

- Il existe des risques liés à la mise en place d'objectifs consolidés et à la collecte des exigences.
- Il existe des risques liés à la coordination des actions et à la mise en œuvre uniforme des exigences.
- Il peut également exister des risques liés à la stabilité et aux temps de réponse.

Démarche :

La phase d'initialisation est similaire à celle de la variante avec des groupes d'utilisateurs différents.

Comme il est possible de travailler avec plusieurs équipes de développement, nous avons besoin d'une vision commune concernant la mise en œuvre des exigences et l'utilisation des techniques et des modes de développements. Cela est plus facile à réaliser si quelques exigences ont déjà été mises en œuvre. Comme pour la variante Nouvelle technologie / Architecture, les premières exigences seront d'abord mises en œuvre avec une seule équipe de développement, dans un ou plusieurs sprints, après que le Product Backlog initial a été libéré. Les fonctionnalités et le code développé à cette fin servent de lignes directrices pour les autres équipes de développement. Le développement sera libéré en deux étapes, étant donné que la libération de nombreuses ressources est effectuée lors du démarrage en parallèle des équipes de développement. La libération est donnée par le Product Owner ou le chef de projet avec la consultation du client.

Résultats : Voir annexe Tableau 4: Résultats de la variante „Plusieurs équipes de développement"

Chapitre 6 :
Annexes

Résultats des variantes

Dans les pages suivantes sont indiqués les résultats des différentes variantes. La colonne V indique le rôle responsable. La colonne Module indique le module HERMES correspondant auquel appartient le résultat.

La phase dans laquelle un résultat est énuméré indique le point de départ de ce résultat. Dans une démarche itérative, tous les résultats sont continuellement améliorés et adaptés. L'énumération des rôles illustre la façon dont les rôles Scrum et HERMES peuvent être utilisés. A l'exception de la variante simple, le passage entre un rôle HERMES et un rôle Scrum est indiqué, passage dans lequel le chef de projet (CP) est remplacé par celui du Product Owner (PO) dans la phase de conception. Cela peut être la même personne, qui occupe un rôle différent à partir d'un certain moment.

Résultats pour la variante „Simple"

Résultat	V	Module
Phase D'initialisation		
Plan de gestion du projet	CP	Conduite du projet
Etude	CP	Bases du projet
Analyse des bases légales	CP	Bases du projet
Analyse des besoins de protection	SIPDR	Bases du projet
Architecture du système	Arch	Système IT
Product Backlog initial	PO	Développement agile
Concept de migration	Arch	Migration Informatique
Mandat de projet	PO	Conduite du projet
Phase Conception/Réalisation/Déploiement		
Product Backlog	PO	Développement agile
Sprint Backlog	SM	Développement agile
Definition of Done	PO	Développement agile
Système informatique	ED	Système IT
Manuel d'exploitation	ED	Exploitation informatique
Procédure de migration	PO	Migration Informatique
Appréciation finale du projet	CP	Conduite du projet

Tableau 1: Résultats de la variante „Simple"

Résultats pour la variante „Différents groupes d'utilisateurs"

Résultat	V	Module
Phase D'initialisation		
Plan de gestion du projet	CP	Conduite du projet
Etude	CP	Bases du projet
Analyse des bases légales	CP	Bases du projet
Analyse des besoins de protection	SIPDR	Bases du projet
Mandat de projet	CP	Conduite du projet
Phase Conception/Réalisation/Déploiement		
Analyse de la situation	Arch	Système IT
Exigences envers le système	Arch	Système IT
Architecture du système	Arch	Système IT
Product Backlog	PO	Développement agile
Sprint Backlog	SM	Développement agile
Definition of Done	PO	Développement agile
Système informatique	ED	Système IT
Concept de migration	Arch	Migration Informatique
Procédure de migration	PO	Migration Informatique
Manuel d'exploitation	ED	Exploitation informatique
Appréciation finale du projet	CP	Conduite du projet

Tableau 2: Résultats pour la variante „Groupes d'utilisateurs différents"

Résultats pour la variante „Nouvelle Technologie / Architecture"

Résultat	V	Module
Phase D'initialisation		
Plan de gestion du projet	CP	Conduite du projet
Etude	CP	Bases du projet
Analyse des bases légales	CP	Bases du projet
Analyse des besoins de protection	SIPDR	Bases du projet
Product Backlog initial	PO	Développement agile
Architecture du système	Arch	Système IT
Mandat de projet	PO	Conduite du projet
Phase Conception/Réalisation/Déploiement		
Product Backlog	PO	Développement agile
Sprint Backlog	SM	Développement agile
Definition of Done	PO	Développement agile
Système informatique	ED	Système IT
Manuel d'exploitation	ED	Exploitation informatique

Concept de migration	Arch	Migration Informatique
Procédure de migration	PO	Migration Informatique
Appréciation finale du projet	CP	Conduite du projet

Tableau 3: Résultats de la variante „Nouvelle Technologie / Architecture"

Guide HERMES 5 Agile

Résultats pour la variante „Plusieurs équipes de développements"

Résultat	V	Module
Phase D'initialisation		
Plan de gestion du projet	CP	Conduite du projet
Etude	CP	Bases du projet
Analyse des bases légales	CP	Bases du projet
Analyse des besoins de protection	SIPDR	Bases du projet
Mandat de projet	CP	Conduite du projet
Phase Conception/Réalisation/Déploiement		
Analyse de la situation	Arch	Système IT
Exigences envers le système	Arch	Système IT
Architecture du système	Arch	Système IT
Product Backlog	PO	Développement agile
Sprint Backlog	SM	Développement agile
Definition of Done	PO	Développement agile
Système informatique	ED	Système IT
Concept de migration	Arch	Migration Informatique
Procédure de migration	PO	Migration Informatique
Manuel d'exploitation	ED	Exploitation informatique
Appréciation finale du projet	CP	Conduite du projet

Tableau 4: Résultats de la variante „Plusieurs équipes de développement"

Lexique

Terme	Description
Itération	Dans le contexte de ce guide, une itération est le parcours des phases HERMES de conception, réalisation et déploiement.
Sprint	Synonyme pour une itération, c'est à dire le parcours unique des phases de conception, réalisation et déploiement.
Product Backlog	Une liste, dans laquelle les exigences et les tâches sont consignés par priorité pour l'ensemble du projet. L'entrée la plus haute dans la liste possède la plus grande priorité.
Sprint Backlog	Une liste dans laquelle les exigences et les tâches sont consignés par priorité pour un sprint. L'entrée la plus haute dans la liste possède la plus grand priorité. Idéalement la charge de réalisation d'un élément de la liste ne dure pas plus d'un jour.
Burndown Chart	Mesure de la performance d'une équipe durant un sprint.
Impediment Backlog	Liste des obstacles qui sont rencontrées dans un projet et qui peuvent mettre en péril son succès.
Timeboxing	Principe selon lequel un espace temporel pour toutes les activités est défini, cadre qui ne peut être dépassé. Lorsque la fin de cet espace temporel est atteinte, alors l'activité est interrompue.
User Stories	Une forme de représentation des exigences. Les exigences y sont formulées selon un gabarit spécifique.
Definition of Done (DoD)	La Definition of Done consigne continuellement les conditions à remplir lors du Review Meeting pour que les fonctionnalités soient réceptionnées par le Product Owner.
Rôles	**DO** Mandant - Donneur d'ordre **RutiI** Représentant des utilisateurs **Arch** Architecte informatique **ExplR** Responsable de l'exploitation **Dvpr** Développeur **SIPDR** Responsable SIPD et Protection des données **CP** Chef de projet **PO** Product Owner **SM** Scrum Master **ED** Equipe de développement **Tst** Testeur

www.ingramcontent.com/pod-product-compliance
Lightning Source LLC
Chambersburg PA
CBHW041116180526
45172CB00001B/277